Pequeñas Oraciones QUE FUNCIONAN

"DEJAD QUE LOS NIÑOS VENGAN A MÍ; NO SE LO IMPIDÁIS,
PORQUE DE LOS QUE SON COMO ÉSTOS ES EL REINO DE DIOS."
— MARCOS 10:14 NIV

I0157562

CREADO POR:
LARRY S. GLOVER

ILUSTRADO POR:

HERB WIMBLE IV Y WILLIAM A. RENN, JR.

CHILDLIKE FAITH CHILDREN'S BOOKS

ESTE LIBRO ESTÁ DEDICADO A TODAS LAS FAMILIAS QUE QUIEREN AYUDAR A SUS HIJOS A QUE RECUERDEN REZAR, A QUE ESTÉN AGRADECIDOS Y A QUE SIEMPRE DEN LAS GRACIAS.

MI ORACIÓN ES QUE LOS NIÑOS DE TODO EL MUNDO
APRENDAN A ORAR Y A TENER FE POR TODAS LAS COSAS.

CHAPLAIN LARRY S. GLOVER

Editado por
Childlike Faith Children's Books
2012 Wages Way
Jacksonville, FL 32218
childlikefaithchildrensbooks.com

Autor: Larry S. Glover
Ilustradores: Herb Wimble IV & William A. Renn, Jr.
Editor: Kimberly Benton

Print ISBN: 978-1-7328586-3-3
Ebook ISBN: 978-1-7328586-7-1
Library of Congress Control Number
(Número de control de la Biblioteca del Congreso): 2015935704

Impreso en los Estados Unidos de América

10 9 8 7 6 5 4 3 2

Pequeñas Oraciones QUE FUNCIONAN

VENID AHORA, Y RAZONEMOS, DICE EL SEÑOR — ISAÍAS 1:18

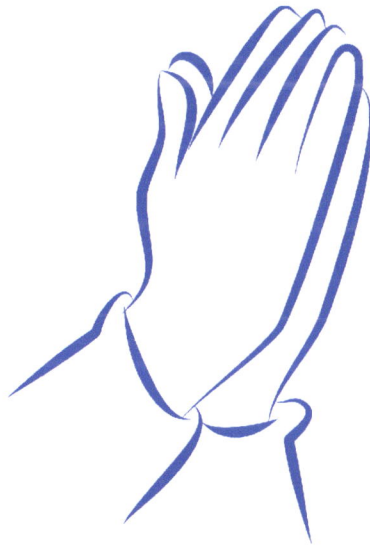

Childlike Faith Children's Books

Querido Señor, rezo por mi padre;

REZO QUE LLEGUE A SALVO,
CUANDO AL TRABAJO VAYA EN EL AUTO,
REZO PORQUE EL TRABAJO NO SEA MUY LEJOS.

REZO POR SU EMPLEO;
SEÑOR, AYÚDALO CON SU TRABAJO.
AYÚDALO A QUE LO HAGA LO MEJOR POSIBLE;
Y QUE NO SEA MUY DIFÍCIL.

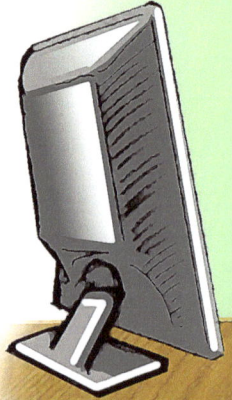

REZO PARA QUE CUANDO VENGA A CASA EN LA NOCHE,
QUE TODO LE HAYA IDO BIEN.
AL MOMENTO DE IR A LA CAMA, ANTES DE QUE
APAGUEN LAS LUCES,
ME GUSTAN LAS HISTORIAS QUE ÉL ME CUENTA.

QUERIDO SEÑOR, GRACIAS POR MI PADRE, Y POR TODO LO QUE LE AYUDAS A HACER.
REZO POR TODOS LOS PEQUEÑITOS PORQUE ELLOS AMAN A SUS PADRES TAMBIÉN.

Querido Señor, rezo por mi madre;

ELLA TIENE MUCHO QUE HACER,
LIMPIANDO LA CASA Y COCINANDO,
AH SÍ, Y EL TRABAJO DE MADRE TAMBIÉN.

REZO PARA QUE CUANDO MI MADRE VAYA AL SUPERMERCADO,
ENCUENTRE TODO LO QUE NECESITAMOS,
A VECES CON TODAS LAS BOCAS QUE ALIMENTAR,
TIENE QUE VOLVER A COMPRAR MÁS.

REZO PARA QUE AL FINAL DEL DÍA
PUEDA DESCANSAR Y ENCONTRAR PAZ.
SEÑOR, DALE FUERZA Y BENDICIÓN TODOS LOS DÍAS;
SEÑOR, DALE TODO LO QUE NECESITA.

QUERIDO SEÑOR, TE AGRADEZCO POR MI MADRE, PORQUE EL TIEMPO QUE TIENE.
Y TAMBIÉN REZO POR TODAS LAS MADRES DE TODOS LOS NIÑOS Y POR TODO LO QUE ELLAS HACEN.

Querido Señor, rezo por mi hermana;

A ELLA LE FASCINA SU ROPA Y SUS ZAPATOS.
SE PASA TODO EL DÍA EN EL BAÑO; RECUÉRDALE QUE YO TAMBIÉN LO NECESITO USAR.

CUANDO MI HERMANA LAVA LOS PLATOS, NO LOS TRATA CON CUIDADO.
REZO POR LOS PLATOS Y LOS VASOS, QUE ELLA ROMPE A DIARIO.

HABLA POR TELÉFONO MUCHO TIEMPO, LES CUENTA A SUS AMIGOS COMO LE FUE EL DÍA.
QUIERO QUE ELLA PASE MÁS TIEMPO CONMIGO; EXTRAÑO COMO SOLÍAMOS JUGAR CADA DÍA.

QUERIDO SEÑOR, TE AGRADEZCO POR MI HERMANA,
LA AMO TANTO COMO LA AMAS TÚ.
REZO POR TODOS LOS NIÑITOS
QUE TIENEN UNA HERMANA TAMBIÉN.

Querido Señor, rezo por mi hermano;

TIENE UN PROBLEMA CON SU HABITACIÓN.
NECESITA RECOGER ALGUNAS COSAS,
Y USAR UN TRAPO Y UNA ESCOBA.

REZO POR MI HERMANO;
LE ENCANTAN LOS DEPORTES.
CUANDO HACE UN GOL O UN JONRÓN;
SEÑOR MANTENLO SIEMPRE A SALVO.

REZO POR MI HERMANO
Y POR LOS DÍAS EN LOS QUE VA A LA ESCUELA.
REZO POR QUE PASE TODOS SUS EXÁMENES
Y QUE OBEDEZCA LAS REGLAS.

QUERIDO SEÑOR, TE AGRADEZCO POR MI HERMANO, LO ELEVO HACIA TI.
Y REZO POR LOS NIÑOS Y NIÑAS QUE FUERON BENDECIDOS CON HERMANOS TAMBIÉN.

8

Querido Señor, rezo por mi familia;

MI ABUELO Y ABUELA, TAMBIÉN;
MIS TÍAS, MIS TÍOS Y SUS HIJOS,
Y POR TODO LO QUE HACEMOS.

CUANDO VISITO A MI ABUELO Y ABUELA,
ME DEJAN JUGAR TODO EL DÍA.
CUANDO LLEGA LA HORA IRME A CASA,
DIGO: "¡OH, NO! ¿PUEDO QUEDARME POR FAVOR?"

MI TÍA Y TÍO ME AMAN,
Y DE VERDAD LOS AMO TAMBIÉN.
MI TÍO ME ABRAZA Y MI TÍA ME DA BESOS,
PERO SEÑOR, QUE NO ME LOS DE EN LOS LABIOS, POR FAVOR.

SEÑOR, GRACIAS POR MI FAMILIA,
Y POR HACERNOS DE ESTA MANERA.
POR EL AMOR QUE TIENES POR NOSOTROS,
RUEGO POR ELLOS Y DIGO...

QUERIDO SEÑOR, GRACIAS POR MI FAMILIA Y TODAS LAS COSAS QUE HACEMOS.
POR FAVOR, CÚBRENOS CON TU MANO SANTA Y MANTENNOS CERCA DE TI.

Querido Señor, rezo por mis amigos;

CON LOS QUE JUEGO TODO EL TIEMPO.
A VECES NOS CAEMOS Y LASTIMAMOS,
PERO NO NOS IMPORTA ENSUCIARNOS.

NOS TOMAMOS UN DESCANSO Y COMEMOS ALGO.
LA LECHE Y LAS GALLETAS SABEN TAN BUENAS.
NOS APRESURAMOS Y NOS LO COMEMOS TODO
PARA QUE PODAMOS IR A JUGAR, ¡NO PODEMOS ESPERAR!

AL MEDIODÍA PARAMOS A TOMAR UNA SIESTA;
JUGAMOS MUCHO CADA DÍA.
ES DIFÍCIL QUEDARNOS DORMIDOS
ASÍ QUE CIERRO LOS OJOS Y REZO.

QUERIDO SEÑOR, GRACIAS POR TODOS MIS AMIGUITOS,
BENDÍCENOS EN TODAS LAS FORMAS.
CUÍDANOS MIENTRAS TOMAMOS NUESTRA SIESTA
PARA QUE CUANDO NOS DESPERTEMOS,
PODAMOS VOLVER A SALIR A JUGAR.

Querido Señor, rezo por los animales;

QUE ESTÁN POR TODAS PARTES.
SEÑOR, MANTENLOS SEGUROS Y CUÍDALOS
EN EL AIRE Y EN EL SUELO.

REZO POR LOS QUE SON SALVAJES,
Y POR LOS QUE SON MANSOS.
REZO POR LOS QUE ESTÁN EN EL AGUA;
QUE A TODOS LOS HICISTE IGUALES.

13

REZO POR LOS CORDERITOS,
Y POR LOS QUE HACEN "¡MUU!"
Y NO ME VOY A OLVIDAR DE
LOS ANIMALITOS ESPECIALES
Y DE LOS QUE VIVEN EN EL ZOOLÓGICO.

SEÑOR, YO SÉ QUE TU AMAS A LOS ANIMALES;
TÚ HICISTE A ALGUNOS GRANDES Y A OTROS PEQUEÑOS.
CREASTE A TANTOS DE ELLOS,
Y SÉ QUE LOS AMAS A TODOS IGUALES.

QUERIDO SEÑOR, GRACIAS POR LOS ANIMALES,
LOS HAZ COLOCADO POR TODO EL MUNDO.
SÉ QUE CUIDAS BIEN DE ELLOS,
ASÍ COMO CUIDAS A CADA NIÑO Y NIÑA TAMBIÉN.

Querido Señor, rezo por el mundo que creaste;

HAREMOS TODO LO POSIBLE POR COMPARTIR.
REZO PARA QUE PODAMOS CUIDARLO,
Y ASÍ TODOS TENGAMOS UN LUGAR PARA VIVIR.

SEÑOR, RECUÉRDANOS NO TIRAR BASURA,
PARA ASÍ TENER UNA LINDA Y LIMPIA TIERRA.
HAREMOS LO MEJOR POR ESTE MUNDO,
Y POR EL AIRE QUE RESPIRAMOS.

15

AYÚDANOS SEÑOR A CUIDAR NUESTRA AGUA;
LA USAMOS PARA MUCHAS COSAS.
SEÑOR, AYÚDANOS A ESTAR CONSCIENTES
DE QUE EL AGUA TRAE VIDA.

NOS DAS TODO LO QUE NECESITAMOS
DESDE EL SUELO; LO VEMOS CRECER.
TODO VIENE DE LA TIERRA, Y ES PARA NOSOTROS,
PARA QUE PODAMOS COMER.

QUERIDO SEÑOR, GRACIAS POR EL MUNDO QUE CREASTE, CON TANTO ESPACIO PARA DISFRUTAR.
AYÚDANOS SEÑOR A HACER TODO LO POSIBLE PARA QUE LA TIERRA SEA UN MEJOR LUGAR.

Querido Señor, rezo por el día que hiciste;

PARA EL CUAL EL SOL SALE Y BRILLA TANTO.
LOS PÁJAROS CANTAN Y LAS FLORES FLORECEN;
¡HOY TODO VA A ESTAR FANTÁSTICO!

A VECES, CUANDO TENEMOS ESOS DÍAS LLUVIOSO, NO SALGO AFUERA PARA NADA,
ME SIENTO Y OBSERVO COMO RIEGAS LA TIERRA, PORQUE DENTRO DE CASA EL PISO NO RESBALA.

CUANDO ES MOMENTO DE QUE SE VAYA EL SOL, COMIENZA A OSCURECER AFUERA.
AHORA LA TIERRA GIRA Y VUELVE A SU LUGAR PARA QUE EL SOL NO SE TENGA QUE OCULTAR.

POR LA NOCHE, SALEN LA LUNA Y LAS ESTRELLAS, OTRO DÍA HA TERMINADO.
ES HORA DE IR A LA CAMA, PORQUE CUANDO NOS DESPERTEMOS OTRO DÍA COMENZAMOS.

QUERIDO SEÑOR, GRACIAS POR LOS DÍAS QUE NOS DAS, CADA UNO ES COMPLETAMENTE NUEVO.
GRACIAS TAMBIÉN PORQUE NOS DAS LA VIDA Y EL AIRE QUE RESPIRAMOS.

Querido Señor, rezo por nuestros líderes;

MUÉSTRALES TUS PLANES IMPRESIONANTES.
AYUDA A TODOS AQUELLOS QUE NOS GOBIERNAN,
YA QUE NUESTRAS VIDAS ESTÁN EN SUS MANOS.

SEÑOR, HÁBLANOS Y OIREMOS TU VOZ;
LA ORACIÓN NOS AYUDARÁ A ESCUCHARTE.
TU AMOR NOS GUIARÁ SIEMPRE,
MIENTRAS NO SEPAREMOS NUESTROS OJOS DE TI.

QUERIDO SEÑOR, GRACIAS POR AQUELLOS A LOS QUE HAS PUESTO A CARGO PARA MOSTRARNOS CÓMO NUESTRO

REZO POR LOS HOMBRES Y LAS MUJERES MILITARES
LES DAMOS LAS GRACIAS POR TODO LO QUE HACEN.
SÉ QUE LOS ÁNGELES LOS ESTÁN CUIDANDO
Y TAMBIÉN NUESTRA LIBERTAD VELANDO.

MUNDO REALMENTE DEBERÍA SER. REZO PORQUE SEA BUENO PARA TODOS Y QUE EL MUNDO LO PUEDA VER.

20

Querido Señor, rezo
por las personas del mundo entero;

REZO POR LA PAZ QUE VIENE DE PODERTE CONOCER, OH SEÑOR.

REZO POR TODOS LOS NIÑOS, SEÑOR MANTÉN SEGURA NUESTRA FAMILIA,
Y GRACIAS SEÑOR POR TODAS LAS PERSONAS, Y POR TU GRACIA BENDITA.

SÉ QUE AMAS A TODOS; SEÑOR, AYÚDALOS A SENTIR TU PRESENCIA
REZO PARA QUE LOS CUIDES A TODOS Y EN ELLOS PONGAS TU MANO SANTA.

QUERIDO SEÑOR, HAZ QUE TENGAN QUÉ COMER Y UN POCO DE AGUA PARA BEBER.
REZO PARA QUE CUANDO SE ACUESTEN A DORMIR, ESTÉN DONDE ESTÉN,
LES DES SEÑOR, LO QUE NECESITEN.

Y Querido Señor,

GRACIAS POR AMARNOS
Y ESCUCHAR NUESTRAS ORACIONES.

AHORA REZO POR MI FAMILIA,
PARA QUE SUPEREMOS CADA DÍA.

AMEN

"INSTRUYE AL NIÑO EN SU CAMINO,
Y AÚN CUANDO FUERE VIEJO NO SE APARTARÁ DE ÉL."
— PROVERBIOS 22:6 KJV

Pequeñas Oraciones
QUE FUNCIONAN

QUERIDO SEÑOR,
REZO POR:

_____

_____

_____

_____

_____

_____

_____

_____

_____

_____

LAS SERIES DE APODERAMIENTO DE LOS NIÑOS

Pida otros libros de Larry S. Glover:

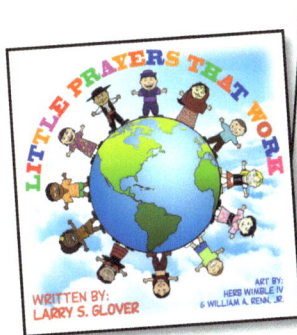

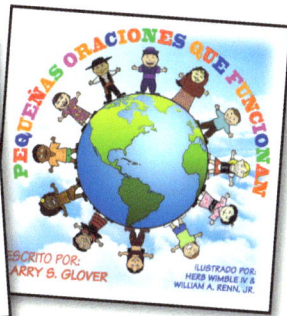

Pequeños Rezos Que Funcionan

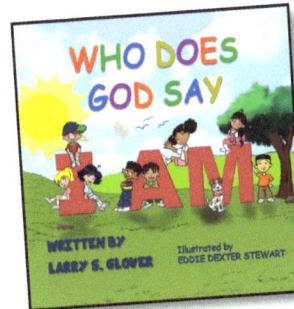

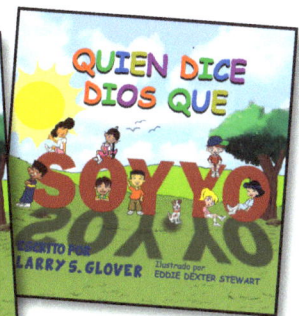

Quién Dice Dios Que Yo Soy

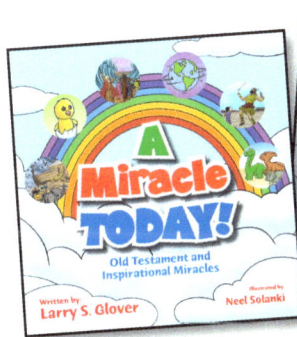

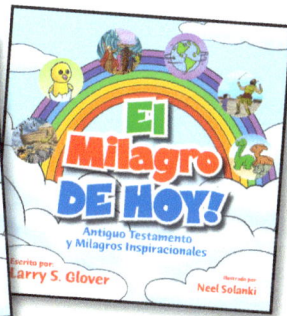

El Milagro De Hoy-Antiguo Testamento

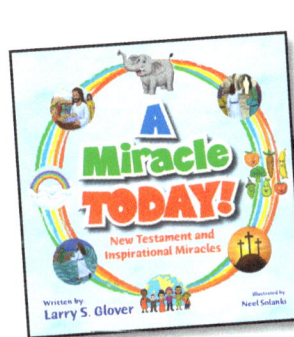

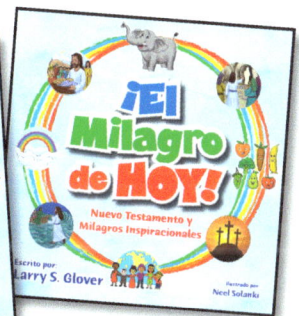

El Milagro De Hoy-Nuevo Testamento

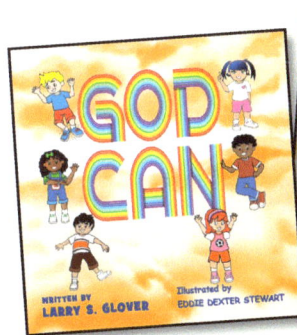

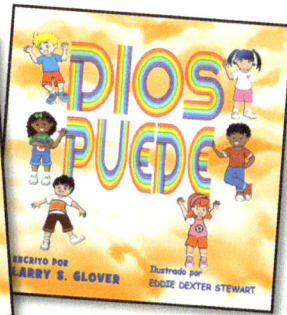

DIOS PUEDE

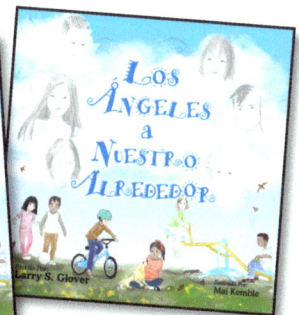

Los Ángeles A Nuestro Alrededor

CHILD
LIKE
FAITH

CHILDREN'S BOOKS

Próximamente:
Un Lugar Donde Podamos Ir
Dios es Amor

Disponible en
Inglés y en
Amazon.com

SERIES DE VALORES DE LOS NIÑOS

Pide otro libros escritos por Larry S. Glover:

Disponible en Inglés y Español.

Ser Bueno

Ser Amable

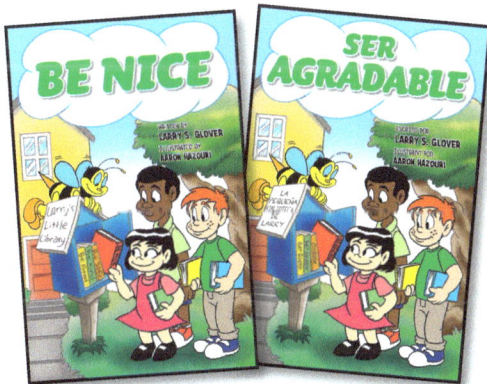

Ser Agradable

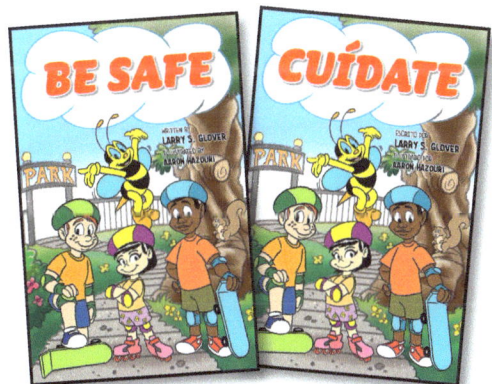

Cuídate

CHILD LIKE FAITH
CHILDREN'S BOOKS

www.childlikefaithchildrensbooks.com

www.ingramcontent.com/pod-product-compliance
Lightning Source LLC
Chambersburg PA
CBHW042107040426
42448CB00002B/171